Bibliografische Information der Deutschen Nationalbibliothek:

Die Deutsche Bibliothek verzeichnet diese Publikation in der Deutschen National-
bibliografie; detaillierte bibliografische Daten sind im Internet über http://dnb.d-
nb.de/ abrufbar.

Impressum:

Copyright © 2008 GRIN Verlag, Open Publishing GmbH
Druck und Bindung: Books on Demand GmbH, Norderstedt Germany
ISBN: 978-3-668-16101-6

Dieses Buch bei GRIN:

http://www.grin.com/de/e-book/315791/repraesentationen-und-konstruktionen-
von-maennlichkeiten-in-wirtschaft

Sahra Gabriele Foetschl

Repräsentationen und Konstruktionen von Männlichkeiten in Wirtschaft und Politik

Zum neuen Typus der Männlichkeit "Transnational Business Masculinity"

GRIN Verlag

GRIN - Your knowledge has value

Der GRIN Verlag publiziert seit 1998 wissenschaftliche Arbeiten von Studenten, Hochschullehrern und anderen Akademikern als eBook und gedrucktes Buch. Die Verlagswebsite www.grin.com ist die ideale Plattform zur Veröffentlichung von Hausarbeiten, Abschlussarbeiten, wissenschaftlichen Aufsätzen, Dissertationen und Fachbüchern.

Besuchen Sie uns im Internet:

http://www.grin.com/

http://www.facebook.com/grincom

http://www.twitter.com/grin_com

Konstruktionen und Repräsentationen von Männlichkeit
Wintersemester 2007/2008

Seminararbeit von Sahra Gabriele Foetschl

Repräsentationen und Konstruktionen

von Männlichkeiten

in Wirtschaft und Politik

versus 'transnational business masculinity'

Inhalt

Vorwort 3

Einführung: Wirtschaft und Politik sind Männerdomänen 4

Zum Verhältnis von Wirtschaft und Politik 6

Das 20. Jahrhundert: Paternalismus in Unternehmen 8

Globalization and Business Masculinities 10

References 13

Vorwort

Im vorgetragenen Referat zum Thema Repräsentationen und Konstruktionen von Männlichkeiten in Wirtschaft und Politik wurde von mir versucht, einen kurzen historischen Abriss von Männlichkeitsentwürfen in Wirtschaftstheorien und "westlicher" politischer Philosophie unter Einbeziehung feministischer Genderkritik zu geben, und diesen einer Gegenwartsanalyse, wie sie R.W. Connell und Julian Wood in ihrem Beitrag Globalization and Business Masculinities vorstellen, gegenüberzustellen.

In Connell und Woods Beitrag wurden Identitäten und Männlichkeiten in gegenwärtigen globalisierten Manageretagen Australiens sowohl untereinander, als auch mit Symptomatiken älterer Modelle, also den Generationen davor verglichen. Connell geht davon aus, dass die neuen globalen Arbeitsbedingungen einen neuen Typus erfordert und erschaffen hätten, der sich vom "älteren, konservativeren" durch einige Merkmale deutlich unterscheide. Connell bezeichnete diesen neueren Typus als Transnational Business Masculinity.

In dieser Seminararbeit wird nun eine Zusammenfassung der im Referat vorgestellten Analysen und Interpretationen gegeben.

Wirtschaft und Politik sind Männerdomänen

"31 von 1000 Ökonomen sind weiblich, davon sind 5 vor 1930 geboren"

(In: Mark Blaug: Who's Who in economics)

Nicht nur Ökonomen sind (meist) männlich, auch Unternehmer, Wirtschaftstreibende, Grundbesitzer, Kapitaleigentümer und Politiker weltweit sind in der Mehrzahl Männer. Dies war/ist nicht nur durch die Bildungspolitik, die Männern in der Regel -nicht jedoch Frauen- eine fundierte Ausbildung zukommen ließ, traditionell gefestigt, sondern wurde über Jahrhunderte unter anderem durch die männliche Erbfolge rechtlich institutionalisiert.

Auch die liberale westliche Politische Philosophie gibt Aufschluss darüber, wie wenig männliche Philosophen über die Sphäre der automatisch den Frauen zugeteilten Reproduktionsarbeit in ihre Staats- und Kontraktualismustheorien mit einfließen ließen. "The separative Self" ist als Begriff ein wesentlicher Bestandteil jeder politischen Philosophie- ob Hobbes, Locke, Rousseau, Kant oder Rawls- in jedem "Naturzustand" oder "Urzustand" ist es das freie, autonome Selbst, dass rational und freiwillig den Kontrakt eingeht, um den Urzustand zu beenden und den Staat zu begründen.

Die feministische Kritik seit dem 20. Jahrhundert kritisiert in vielen Disziplinen jene Annahmen eines unabhängigen, autonomen Selbst mit einfachen Argumenten: Beinahe alle Autoren solcher Theorien waren männlich und sahen Kindererziehung und Haushaltsangelegenheiten, ebenso wie die Erhaltung der Regenerationssphäre, emotionale und sexuelle Befriedigung des Mannes als ureigene weibliche Domäne an (vgl. Seyla Benhabib, 1987; Paula England, 1993), während besagte Autonomie, wozu diese auch immer genutzt werden konnte und kann, Frauen weitgehend vorenthalten oder verboten war. Die Mehrzahl der Autoren und Theoretiker zogen weder in Betracht, jene Arten von (unbezahlter) Arbeit ernsthaft selbst zu übernehmen, noch zogen sie in Erwägung, dass der Mensch, also in diesem Sinne der Mann (!) keineswegs völlig autonom war. Stets wurde Men -nicht etwa Human- von Nature differenziert, Frauen und Reproduktionsarbeit zählten jedoch zu Part of nature. Der von vielen Philosophen und Rechtsgelehrten gern diskutierte

Begriff des Altruismus, so schwammig, widersprüchlich und redundant die Interpretationen dieses Begriffes auch sein mögen, wurde und wird als Regel innerhalb der Familie, nicht aber innerhalb des Marktes gesehen.

Auch Neoklassische Ökonomiemodelle inkludieren das "separative Selbst", was bedeutet, dass das Individuum stets als autonom, rational und egoistisch vorausgesetzt wird. Von feministischer Kritik betroffen waren/sind hier die grundlegenden Annahmen (1) dass interpersonelle Vergleiche von Nutzwert unmöglich seien; (2) dass Geschmack exogen und unveränderbar, also absolut sei; und (3) dass Akteure immer eigennützig handelten. Diese Prämissen werden gegenwärtig auch zur Erklärung juristischer Modelle und zur Verankerung der westlichen Rechtslehre verwendet. Solche Annahmen können jedoch nicht ohne weiteres als "objektiv" gegebene Prämissen behandelt werden, vielmehr sind sie selbst bereits ideologische oder besser, ideale Konstruktionen. Ob es sich- verallgemeinert gesehen- um eher "männliche" Ideale, denn "weibliche" Ideale bzw. Attribute handelt, möge der/die Leser/in selbst entscheiden.

Auch in der Wissenschaftstheorie wird das "separative Selbst" glorifiziert (vgl. Evelyn Fox Keller, 1985). Evelyn Fox Keller sieht es nicht als bloßen Zufall, dass Objektivität als Separierung von Subjekt (Wissenschafter) und Studienobjekt definiert ist, da, so ihre Argumentation, männliche Wissenschafter diese Methodologie mit kulturellen Implikationen konzipierten, die genau das beschrieben, was Männlichkeit über Jahrhunderte ausmachte: separierte Autonomie (engl.: separative autonomy). So wird eine emotionale Verbundenheit mit dem Studienobjekt als kontaminierende Randbedingung bewertet, die im Context of Discovery verschwindet, im Context of Justification jedoch unerwähnt bleibt, während Fox Keller auf eine wesentliche Relevanz der Empathie hinweist.

Soweit nun erst einmal diese Einführung als tendenzielle Zusammenschau und Kritik zum Begriff von Männlichkeit in (historischen) Wirtschaftstheorien und philosophischen Staatstheorien.

Zum Verhältnis von Wirtschaft und Politik

Ich werde einen Aufsatz Ann L. Jennings' heranziehen, um politische und wirtschaftliche Entwicklungen vor dem 20. Jahrhundert kurz zu umreißen. Ann L. Jennings beschreibt die Entwicklung von Wirtschaft und Politik im angloamerikanischen Raum des frühen 19. Jahrhunderts folgend:

"The writers and public figures in early nineteenth-century economic discussions took little notice of women, the familiy, or even consumption. (The main exceptions were Malthus, who discussed population growth, and J.S.Mill, who was concerned with women's rights.) Nor did the new economy/family split Nicholson discusses cause any social controversy. Gary Langer's The Coming of Age of Political Economy (1987) shows instead that the main target of the new "political economists" was state control over economic affairs. Polanyi also described the challenges launched in Britian to mercantilism, the poor laws, and the corn laws as part of an effort to separate the economy from the state. The state was to be limited to pursuits that private, self-interested entrepreneurs could not undertake themselves. "State" and "economy" did not share the public sphere, but were demarcated according to an altered form of the public/private distinction that assigned preeminence to the market economy."

Die bis jetzt besprochene feministische Kritik kann als Feministischer Institutionalismus bezeichnet werden. Feministischer Institutionalismus, der auf der Beobachtung von sozialen wie geistigen Gewohnheiten basiert, weist Dualismen, wie sie hier vorkommen zurück und kritisiert deren kulturelle Manifestationen in sozialer Abschottung und sozialen Rangordnungen. Jennings führt weiters fort:

"From a feminist institutionalist standpoint, pecuniary culture is clearly dualistic and gendered. A simple and revealing exercise lays out in the interconnected web of dualistic meanings in the public/private distinctions that emerged in the nineteenth century. On the economy/family side of the "double dualism" a partial list of social distinctions might read:
public / private

(market) economy/ family

man/ women

rational / emotional

mind / body

historical / natural

objective / subjective

science / humanities

economics / sociology

competitive / nurturant

independent / dependent

individual / ?

No word is paired with "individual" since there is no good term for "non-public" persons, perhaps because such persons are "represented" by their public counterparts. "

In einer zweiten Konstruktion, die etwas kürzer ausfällt, da sie nicht primär die Genderattribute trägt, zeigt Jennings, wie sich assoziierte "Doppeldualismen" innerhalb eines ideologischen Shifts zugunsten des "Privaten" veränderten:

" private / public

(market) economy / state

individual / social

amoral / moral

freedom / regulation

enterprise / constraint

efficiency / inefficiency

objective / subjective

science / politics

In these constructions private outranks public, as in the ideology of laissez-faire and homage to free private enterprise, displacing the seventeenth-century priorization of public political activity. Vestiges of the state/household split continued into the nineteenth century, however, in that the economic and the familial aspects of the earlier household remained distinguished from the state. Economic man is not viewed as a political animal, and market economy and the state do not share "the public sphere".

(…) First, individualism in a market society involves the prescriptive freedom of economic enterprise from political interference on the one hand, and prescriptive gender distinctions between women's and men's status as define the market as being more objective and rational than either political processes or familiar principles; they define economics as scientific in contrast to politics, the humanities, and sociology."

Wenngleich Jennings' Kritik den angloamerikanischen Raum betrifft, kann das Aufzeigen solcher sprachlichen Konstruktionen und deren "logische" Implikationen, sowie Folgen allgemein sehr gut zeigen, welche Sphäre unter Verwendung solcher Dualismen protegiert werden kann: es ist diejenige, in der nach wie vor hauptsächlich Männer tätig sind und die großen finanziellen Entscheidungen getroffen werden. Die Definition, dass Ökonomie "wissenschaftlicher" als Politik, Humanwissenschaften bzw. Geisteswissenschaften und Soziologie sei, lehnt Jennings ab. Sie ergänzt dazu:

"This second point offers an interesting perspective on recent comparable worth debates. Neoclassical economists tend to argue against comparable worth on the grounds that political evaluation of the skill content of jobs is subjective, whereas "impersonal" market forces are seen as objective (Raisan et al. 1988). Feminist institutionalism finds such distinctions both fictional and invidious."

Das 20. Jahrhundert: Paternalismus in Unternehmen

"Ein Mann tritt in jungen Jahren in die Firma ein und verbringt dort bis zur Pensionierung sein Leben, und so verheißt manchmal die Firma größere Sicherheit als das Land, in welchem sie arbeitet." (Anthony Sampson in: Die neuen Europäer, 1968)

Dieser Paternalismus, wie auch Anthony Sampson ihn beschreibt, ist Ende des 19.Jahrhunderts vor allem in Italien anzutreffen. Besonders hier ist es üblich, dass Arbeiter/

innen und ihre Familien über Firmenwohnungen, Firmenkrankenhäuser, Firmenkrippen und Firmenschulen stark an ihre Arbeitgeber gebunden sind. Sampson erscheinen diese "feudalen Bande" bedrohlich: "Wer nicht dazugehört, ist heimatlos." Diese Art der Firmenbetreuung ist vor allem dort anzutreffen, "wo die Regierung fern oder unfähig ist". Sampson attestiert zB. der italienischen Bevölkerung der Po-Ebene, wo arme Bauernfamilien Ende des 19. Jhds. in industriellen Zufluchtsorten nach Sicherheit suchten, außerdem eine "post-faschistische Autoritätsfreudigkeit, die das Gefühl für Lehenstreue noch verstärkt".

Im Gegensatz zu den USA diagnostiziert Sampson im Europa der 1960er ein stark entwickeltes Solidaritätsgefühl der Manager mit ihren Firmen: "Die amerikanische Art, im Zickzack von einer Spitzenposition in die andere überzuwechseln (mit ständig höherem Gehalt), wird in Europa nicht gern gesehen."

Bei den europäischen Firmeninhabern handelt es sich oft um Familienkonstellationen, Söhne und Neffen beteiligen sich als Gesellschafter, Väter und Söhne funktionieren als Kooperations- und Organisationseinheiten, oft wird das Unternehmen an den Sohn weitergegeben.

Selbstständige Unternehmerinnen (Handels-, Dienstleistungs- und Industriefirmen gesamt) stellen in der Bundesrepublik Deutschland im Jahr 1961 einen Anteil von 12% dar, das bedeutete einen Zuwachs von 77% gegenüber dem Jahr 1950.

Connell beschreibt in Globalization and Business Masculinities den gängigen Typus des Industriemanagers im England des 20. Jahrhunderts, den "Corporate Salaryman of Japan", sowie die "Colonial Settler elite of Natal" als Variationen hegemonialer, bürgerlicher Männlichkeiten, entstanden durch das Wachstum des industriellen Kapitalismus. Diesen lokalen und ethnischen Variationen von Manager-Männlichkeiten seien aber folgende Eigenschaften gemein: autoritäre Züge, sozialer Konservatismus, obligatorische Heterosexualität, Integration durch familiäre Arbeitsteilung, starke, symbolische Geschlechterunterschiede, sowie emotionale Distanz zwischen Frau und Mann, analysiert Connell.

Globalization and Business Masculinities

Veränderungen im Kapitalistischen Wirtschaftssystem finden statt- als zwei der signifikantesten Trends behandelt Connell, wie viele andere Theoretiker auch, globalisierte Marktstrategien und die Ablösung von Familienunternehmen durch Aktiengesellschaften ('corporates').

Connell und Woods sehen Manager als Kerngruppe 'moderner Männlichkeiten' auf globaler Skala. 1995 wurde von der US-amerikanischen Glass Ceiling Comission das Topmanagement der "top U.S. corporations" evaluiert: 95-97 % der Topmanager waren Männer. Auch in Australien, das Land in dem Connell und Wood ihre Studie durchführten, stellen Männer die Mehrheit der Manager dar- vor allem im "upper upper" Topmanagement. Connells Untersuchung beschreibt eine 'transnational business masculinity', welche sich von anderen "machtorientierten Männlichkeiten" bereits bei oberflächlicher Betrachtung durch Verhaltensmerkmale im Umgang mit Rasse und Gender unterscheidet.

"There is a significant distance here from other power-orientated masculinities where race and gender hierarchy is a major part of the mix"

- diese Beobachtung stellt Connell seiner Studie, basierend auf 11 Interviews mit in der Wirtschaft tätigen Männern in Australien zwischen 1997 und 2000, bereits voran.

Als wesentlicher Aspekt einer postmodernen Managerkarriere muss der MBA als Schlüsselqualifikation genannt werden. Einer der Interviewten sagte dazu:

Yeah, that is the thing about the MBA, ...it is a funny qualification; it gives you
The ability to be dangerous at most things without necessarily being competent
at any....I think they are very conscious of making it an international program,
so they do try and mix up the case studies....They put you in cross-cultural
groups. In my study group, there was a Greek, a Russian, a Belgian, probably a
couple of Poms [English], and maybe an American. [C]

Ein multinational tätiger "advertising executive" Mitte dreißig erklärt sich das Verhältnis von Traditionen und Transformation folgendermaßen:

"At the top, it's a male world. (Why?) Just because that's the old Madison Avenue stereotype. Those are the same guys that are running this company, you know.... But that's anoutdated way of thinking .... I love this company; I'm very passionate about this company; I think it's a great company. It's in a transition period now. It needs to shake its dusty old bankerimage off and start looking at things fresh. And it's in a terrific position to do that. It's a strong brand name, youknow, this is a major. Unfortunately, it's kind of resting on its laurels, and it needs to move forward. It needs to get some young dynamic people involved in the organization. [E]

Die Interviews führten von Gesundheitsrisiken und Gesundheitsbewusstsein unter extremen Stressfaktoren, über internationales Konkurrenzverhalten, Massenentlassungen zugunsten von Kostenreduktionen, zu Sexualverhalten und psychischen Effekten verursacht durch sehr hohe Einkommen und unsichere Stellungen.

Connells Analyse kann wie folgt zusammgefasst werden: Zwar bestehen einige Ähnlichkeiten zwischen der "alten, bürgerlichen Männlichkeit" und jüngeren Entwürfen, definitiv fehlt es jedoch an "häuslichem Patriarchat, Patriotismus, Religiösität, Snobismus und sozialer Autorität", so Connell.

Management als internalisierte, inkorporierte, transnationale Praxis bezeichnet Connell als "kulturell wurzellos"; als zugrundeliegendes und einziges "rationales Prinzip" kann nur das Ziel Profit zu machen genannt werden. Die Globalisierung erscheint allen Interviewpartnern als "unaufhaltsames Naturphänomen", Antiglobalisierungsargumente haben in den Augen der Interviewten keine Chance, wer sich von "den Kleinen" nicht mit innovativen Nischenprodukten durchsetzt, wird von den großen Firmen "geschlagen".

Aufgrund hoher Belastungen durch Stress, Reisen, Unsicherheit und der Arbeit als totalem Lebensmittelpunkt erwähnt Connell den mittlerweile großen Markt für Produkte, die von dieser Zielgruppe konsumiert werden: psychologischer und physischer Support in Form von Dienstleistungen, sowie konkreten Artikeln wie zB. (Lebens- und Karriere-)

Ratgeber in Buchform. Die Gehälter der Manager sind höher als je zuvor, dies dürfte so einiges wettmachen und die Motivation über lange Zeit erhalten.

Als hegemonial erkennbar und signifikant an der 'transnational business masculinity' bezeichnet Connell allgemeine Toleranz, den Fokus auf Arbeit, Flexibilität, Liberalität, (computer-) technische Fähigkeiten, sowie hohe Kommunikationsfähigkeit. Im Gegensatz zum alten Typus sind Heterosexualität und Ehe keinesfalls die Regel, Bisexualiät, sowie am Arbeitsplatz geoutete Homosexualität kommt in den Lebensentwürfen der australischen Manager vielfach vor.

Connel schließt die Studie jedoch mit folgenden Anmerkungen:

"Nevertheless, it is important to acknowledge that the transnational business masculinity pattern does not occupy the whole field. A place remains for more traditional patterns of hegemonic masculinity—as seen for example in the case of Rex (extract D above). There is possibly a generational turnover occurring, but this study is too small to be confident about that. Some of our respondents, struggling in their personal lives or coping with career downturns, seem closer to complicit masculinity (Connell 1995) than to a hegemonic position."

References

BENHABIB, Seyla: 1987. The Generalized and the Concrete Other: The Kohlbert-Gilligan Controversy and Feminist Theory. In: Feminism as Critique: On the Politics of Gender, ed. Benhabib and Drucialla Cornell. 77-95. Minneapolis: University of Minnesota Press.

ENGLAND, Paula: 1989. A Feminist Critique of Rational-Choice Theories: Implications for Sociology: Implications for Sociology. American Sociologist 20. 14-28.

KELLER, Evelyn Fox: 1985. Reflections on Gender and Science. New Haven, Conn.: Yale University Press.

KELLER, Evelyn Fox: 1983. A Feeling for the Organism: The Life and Work of Barbara McClintock. New York: Freeman.

JENNINGS, Ann. L.: 1993. Public or private? In: Beyound economic man. Feminist Theory and Economics. Edited by Marianne A. Ferber and Julie Nelson. 111-129. Chicago: The University of Chicago Press. 178.
Ebenda, S. 123.
Ebenda, S. 123.
Ebenda, S. 123-124.

SAMPSON, Anthony: 1968. Die Neuen Europäer. München: R. Piper & Co. Verlag. S. 115
Ebenda, S. 114

KEIL, Julius (Hg.): 1969. Die westdeutsche Wirtschaft und ihre führenden Männer. Land: Nordrhein-Westfalen Teil I Ostwestfalen/Lippe und Münsterland. 7. Band der Deutschlandreihe. Oberursel bei Frankfurt am Main: Wirtschaftslesebuch-Verlag Dr. Julius Keil GmbH. S. 40

CONNELL, R.W./ WOOD, Julian: 2005. Globalization and Business Masculinities. In: Men and Masculinities Vol. 7 No. 4, April 2005. 347-364.
http://jmm.sagepub.com/cgi/content/abstract/7/4/347
Ebenda, S. 348.

TILLNER, Georg: 2000. The identity of dominance: Masculinity and xenophobia. In: Male roles, masculinitites and violence: A culture of peace perspective. Edited by Ingeborg Breines, Robert Connell, and Ingrid Eide. 53-9. Paris: UNESCO-Publishing.

Ebenda, S. 351

Ebenda, S. 351

Ebenda, S. 362